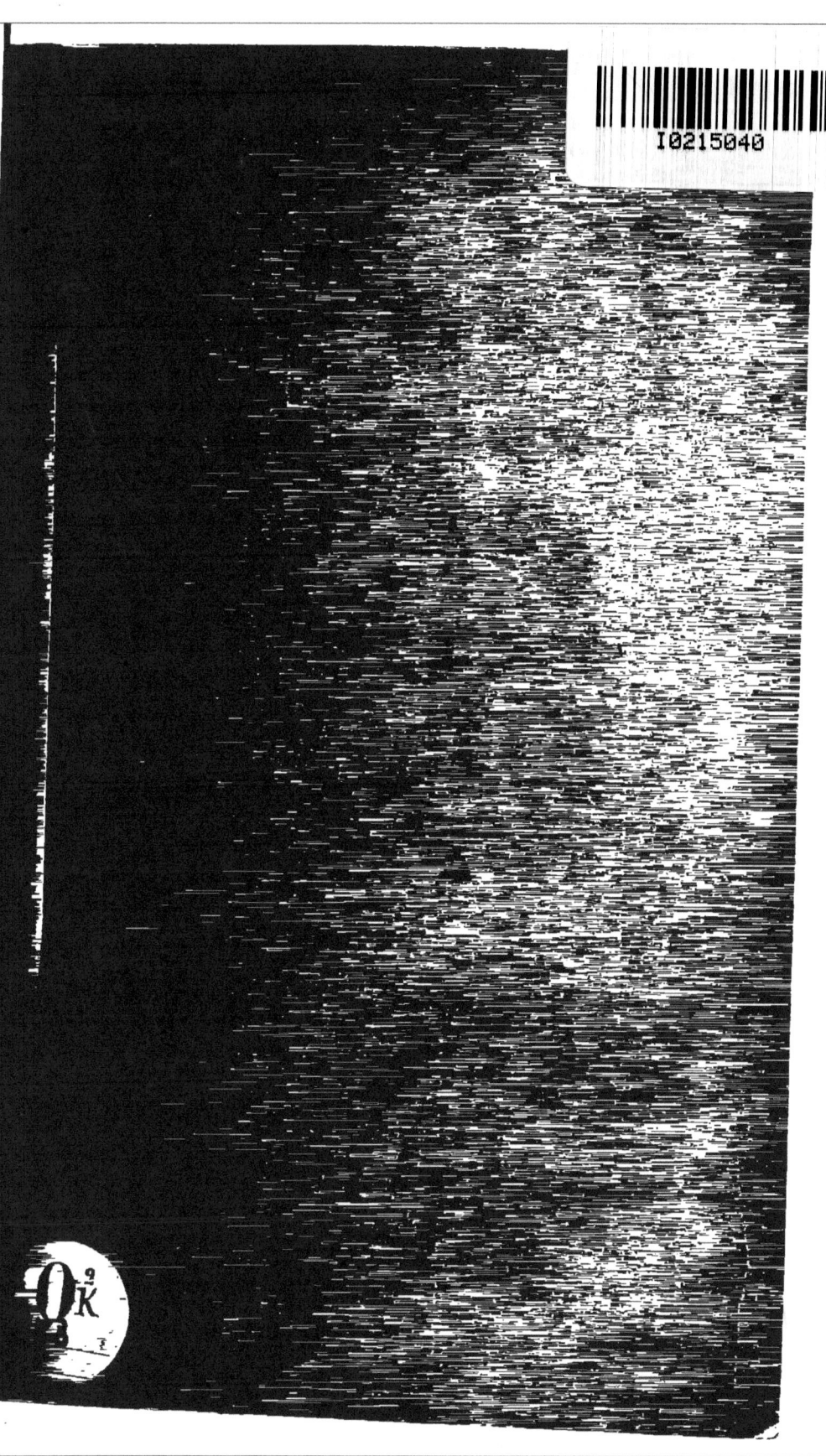

PROSPECTUS.

UN PÉLERINAGE

DANS

PAR

M. Jules DAMIAN,
de Lodève.

« Les vastes régions de l'Inde, sont
le berceau du monde. »
CHATEAUBRIAND.

MONTPELLIER.
BOEHM et C°, IMPRIMEURS DE LA MAIRIE.
1842.

AVANT-PROPOS DES ÉDITEURS.

De tous les temps, un voyage dans des régions lointaines a excité la curiosité publique. Les relations toutes simples et toutes naïves des premiers navigateurs, ont remué toutes les intelligences et réveillé toutes les sympathies. Depuis lors, la civilisation européenne a porté partout ces moyens puissans d'investigation; et, grâce au génie de quelques hommes d'élite, qui n'ont pas craint de franchir les espaces, pour ajouter à la somme des connaissances humaines, et donner une plus vaste impulsion aux mouvemens de la science, cinq parties du monde ont été tour à tour explorées. L'intelligence générale des peuples y a trouvé des moyens d'avancement et de progrès; les relations de voyage ont donc leur utilité et leur importance. Mais l'intérêt qui peut se rattacher à ces mêmes relations, s'agrandit à raison des services qu'elles peuvent rendre à l'histoire, à la philosophie, aux sciences et aux arts. Le centre de l'Asie primitivement occupé par les peuples qui, en se divisant, s'en allèrent fonder, les uns, à sa partie occidentale, l'empire de la péninsule hindoustanique ; les autres, à sa partie orientale, l'empire de la Chine, a été visité par des hommes d'un grand nom et d'une vaste renommée. Tous en sont revenus riches de faits et fiers de leurs découvertes. Malgré tous ces trésors acquis, cette terre promise répond avec complaisance à l'habileté de ses explorateurs, et des problèmes religieux et scientifiques, artistiques et littéraires, encore indécis, pourront recevoir d'elle un jour leur solution.

En conséquence, nous avons cru faire une chose bonne et utile en soi, que de réunir tous nos efforts à ceux de M. Jules Damian, notre compatriote, qui n'a pas craint de consacrer sept ans de séjour dans ces contrées, pour essayer d'apporter, à son tour, au monde des sciences et des lettres, son tribut de recherches et d'observations. La mise en œuvre de son travail que nous avons voulu seconder, ne manquera pas, nous le pensons, de réveiller l'intérêt et l'attention des hommes sérieux. En effet, du sein de la péninsule hindoustanique, où l'auteur a séjourné assez long-temps pour y voir hommes et choses de près, il s'élève à des considérations politiques et sociales, pour les rattacher à l'actualité émouvante de nos événemens et des faits du même ordre, qui, liés à cette question si brûlante et si solennelle de l'Orient, préparent à la France un tout autre avenir, et au monde une face nouvelle.

Dans un de ses chapitres, intitulé : *La France et l'Orient*, l'auteur trace rapidement et à larges traits, l'histoire de l'occupation de l'Inde par les Anglais, et la situation de force et d'autorité qu'ils ont su se faire sur un peuple doux, croyant et soumis. En même temps la France entraînée par le vent des révolutions, qui déjà s'annonçait assez violent pour ébranler son édifice politique et social, abandonne cette terre de l'Orient, où le *Bailli de Suffren* avait laissé de si glorieux souvenirs ! Elle vient répondre à l'Europe qui la menaçait... Nos rivaux s'en applaudissent, et les rives du Gange vont leur appartenir.

L'Auteur arrive à la conquête de l'Egypte et à l'influence toute magique du nom français en Orient, après l'apparition toute fantastique de *Bonaparte* sur les bords du Nil, tandis que les populations asiatiques de l'*Indus* et du *Gange*, saisissant d'instinct toute la spontanéité de son génie, se disaient : Il va venir; il est là !.... L'auteur constate, par des faits, l'influence morale que notre pays de France exerce sur ces peuples de l'Inde, et montre l'avantage immense que nous y aurons, alors que les nations asiatiques que l'énergie européenne fatigue et bouleverse, devront par elle recevoir d'autres destinées.

Son esprit d'observation habilement exercé, fait connaître les mœurs, les institutions et les lois des Hindous. Le caractère physique de ces peuples y est bien traité : instincts, habitudes et penchans, traditions et croyances y sont vus avec un esprit philosophique fort curieux. Il nous montre ces mêmes Hindous, cultivant depuis long-temps les sciences, tandis que nous sommes, pour bien des siècles encore, plongés dans les ténèbres et l'idolâtrie. Nulle part dans l'origine des sociétés, il ne trouve la forme monarchique comme pouvoir social, organisée avec plus d'intelligence, de force et d'autorité, qu'au centre de la péninsule de l'Inde, d'où elle s'est irradiée jusqu'au cœur de l'Europe. Plus tard, il voit *Bonaparte* à la tête de l'institut d'Égypte, créé par son génie d'avancement, pendant que le fameux *Hastings* fonde la société asiatique de Calcutta, et il compare les résultats de cette double organisation scientifique, en ces lieux où les orages des siècles avaient éteint depuis long-temps toute lumière et toute notion de savoir.

Nous craindrions de nuire, non pas au mérite de l'ouvrage, mais à tout l'intérêt qu'il a droit de susciter, si nous voulions continuer à analyser l'esprit et la portée d'un pareil travail. L'auteur rencontre à Calcutta la réunion imposante de toutes les religions du monde, avec toutes les sectes qui les divisent; il les passe en revue et en tire de savantes inductions. Enfin il ne quitte l'Inde, qu'après avoir dit son mot sur la Chine. Il visite le cap de Bonne-Espérance, surnommé le cap des Tempêtes, et s'arrête à Ste-Hélène, où dormait encore le géant des batailles ! Des incidens heureux et variés viennent faire trêve à des sujets si graves et si sérieux.

Nos préventions, comme on le voit, sont toutes favorables à l'Auteur. Nous les croyons fondées, et nous pensons que la lecture de son ouvrage viendra pleinement les justifier. Nous en livrons l'introduction au public. Sur ces pages qui sont, pour ainsi dire, la profession de foi de l'Auteur et l'échelle de la portée du livre, les hommes plus impartiaux que nous jugeront si nous nous sommes trompés.

ON SOUSCRIT :

A MONTPELLIER, chez BOEHM et Comp., Imprimeurs-éditeurs, et chez les principaux Libraires.

DEUX VOLUMES IN-8°, PRIX : 6 FRANCS.

SOMMAIRE DES CHAPITRES.

Chapitre Ier. — Mon départ de France. — Station aux îles Canaries. — Une halte au cap de Bonne-Espérance. — Arrivée à Calcutta.

Chapitre II. — L'Inde. — Considérations générales sur ce vaste pays. — Tableau historique. — De cette terre vient la lumière. — La civilisation humaine y trouve son origine et ses titres sacrés.

Chapitre III. — Calcutta et les Anglais. — Le Bengale et ses maladies épidémiques. — Son Jardin botanique si riche et si royalement établi. — Histoire naturelle de la végétation la plus curieuse et ses plantes les plus rares.

Chapitre IV. — La France et l'Orient.

Chapitre V. — Calcutta. — Le rendez-vous de toutes les religions du monde.

Chapitre VI. — Les Indiens. — Leurs mœurs, leurs institutions, leurs lois et leur vie sociale. — Les Brahmes, caste d'élection. — Expression mystique et vénérée de la science et du pouvoir. — Coup-d'œil général sur le vaste pays de la Chine.

Chapitre VII. — Les Bayadères. — Leur utilité; leur influence; leur éducation spéciale. — A elles seules est réservée l'émancipation intellectuelle.

Chapitre VIII. — La Société asiatique de Calcutta. — L'institut d'Égypte.

Chapitre IX. — Bénarès. — La ville des Brahmes. — Rencontre inespérée d'une femme exceptionnelle de nos contrées d'Europe. — Son histoire dramatique.

Chapitre X et dernier. — Visite à Sainte-Hélène.

UN PÉLERINAGE DANS L'INDE.

Introduction.

Celui qui a dit qu'il n'existait, dans l'immensité du globe, que deux peuples essentiellement différens qui s'en étaient partagé la possession et qui y posaient en maîtres, a dit vrai : les gens de l'Orient et ceux de l'Occident. Cette vérité vaut bien la peine d'être étudiée, pour apprendre à ceux qui prétendent à une réorganisation universelle, à former cette grande unité dont la famille sociale resterait la belle expression, que ce rêve d'un homme de bien porte avec lui non-seulement de ces impossibilités que le génie de l'homme restera toujours impuissant à neutraliser ; mais, mieux encore, par rapport à ces prétentions d'universalité, des limites aussi infranchissables que celles que l'Océan rencontre, alors que, dans ses puissantes oscillations, il semble vouloir braver l'immuable loi qui le retient dans sa couche fastueuse et solitaire. Que pour nous, qui marchons avec nos lumières vers la plus grande perfectibilité possible, on puisse entrevoir l'avènement de l'unité européenne!... Si j'y vois des difficultés sérieuses, il est permis de ne pas les considérer comme invincibles.

Le peuple européen relève à peu près de la même origine, et le mélange des races dont il a été formé, s'est effacé devant le christianisme qui en opéra merveilleusement la salutaire fusion. Croyances, mœurs, traditions, intelligence, costumes, habitudes et idées ne présentent nullement des contrastes assez profonds, ou des antinomies assez sérieuses, pour que la communion européenne soit à jamais réalisable. L'unité religieuse y conduirait irrésistiblement.

Charlemagne et Napoléon y marchaient au bruit éclatant de la victoire, pendant qu'ils cherchaient par l'influence du catholicisme, à harmoniser les peuples déjà soumis à leurs lois. Ce fait immense, qui eût tourné à la gloire et à la paix de l'humanité, a été sur le point d'être intronisé parmi nous..... Ce n'est pas la puissance du génie qui a fait défaut ; les passions des hommes, le mauvais vouloir, l'individualisme toujours si puissant, et les préjugés de l'orgueil, n'ont pas voulu que le monde civilisé dont ils entrevoyaient la force et la grandeur, sacrifiât à la communauté de croyances, de vues et d'intérêts, tous les élémens de division qui y germent depuis des siècles, pour n'y produire que le despotisme et la misère !.... La religion, l'histoire, la philosophie, l'esprit des institutions et la forme politique du pouvoir sembleraient favoriser à l'envi cette conciliation générale, qui viendrait constituer, dans une admirable unité, le grand peuple d'Occident. Sans doute le progrès des temps, l'impulsion donnée à l'industrie et le travail des intelligences, ont mis à la disposition des esprits généreux, des moyens d'action plus larges et plus féconds en résultats. Mais, l'ère des intérêts matériels, qui distingue essentiellement l'époque où nous vivons et qui y règne en maître, domine et subjugue des intérêts d'un ordre plus élevé, dont la manifestation puissante, libre et sans entraves, réaliserait seule dans les idées des peuples cette identité de vues, de principes et de croyances, cette sympathie instinctive que la loi d'attraction établirait entre eux, et qui, progres-

sivement et sans secousse, viendrait inévitablement
se traduire dans les faits. Ce moment solennel, entrevu
possible par de nobles âmes et de magnifiques intelligences, se réduira long-temps encore à des vœux im-
puissans. Nos découvertes modernes, toutes merveil-
leuses et toutes magiques qu'elles soient, ne tendent
nullement à l'union intellectuelle des peuples. Toutes
cherchent et marchent à un autre but, celui de maté-
rialiser la civilisation générale, établir sur la surface du
monde la concurrence des intérêts positifs de la vie
humaine, et réduire à un chiffre officiel de fortune et
de crédit, la grandeur d'un empire et son degré d'influence sur le reste des nations.

Vous avez en présence une opposition croissante d'intérêts, que la jalousie, l'ambition et l'orgueil vont
fomenter et étendre, que les voies nouvelles de com-
munication rapide vont, selon moi, développer outre-
mesure; et l'on parle d'unité européenne!............
Le sentiment de nationalité avec ses exclusions ab-
solues, se montre partout avec une fierté jalouse; et
l'on parle de fusion !.... L'indépendance commerciale
et industrielle de chaque état marche à côté de ce
principe d'isolement; et l'on parle de fraternité et
d'union !..... L'esprit de division est partout; et l'on
parle de conciliation universelle !........ La poésie des
idées est une belle chose ; mais un homme d'état doit,
avant tout, rentrer dans la pratique des faits, s'en
emparer avec habileté, les faire servir à sa domination
comme à sa dignité ; et, pendant qu'il personnifie
l'empire dont il dirige les destinées, celui-ci grandit
et s'élève en restant maître des événemens. Si l'Occident, que tant de causes primitives pouvaient conduire à l'unité, est loin cependant de réunir les conditions nécessaires pour vivre sous l'influence de cette
force de cohésion si vigoureuse, pourquoi venir pré-

tendre à effacer un jour cette grande division des peuples que j'ai commencé par établir, et espérer placer sous un même niveau, des nations à jamais séparées par des antinomies bien plus sérieuses et plus indestructibles? Si les livres sacrés sont évidemment le produit de la révélation, et que, par eux, la parole de Dieu ait été communiquée au monde, il faut toujours rappeler aux hommes leur divine autorité. Eh bien, ils annoncent formellement, qu'au moment où l'unité universelle serait sur le point d'être réalisable, la fin des temps arriverait, ou du moins une semblable tendance en serait le signe précurseur.... Ou rejetez avec dédain cette parole, ou respectez-en la prophétie!....

Ce grand phénomène d'alliance générale et de fusion universelle ne serait donc pas de ce monde; une région toute céleste pourrait seule en montrer tout le merveilleux... Que de gens sensés seront de cet avis! Naguère il se passait en Europe des choses bien étranges. C'était un moment où une fée, toute rayonnante de gloire et de grandeur, s'amusait à tresser pour la France des jours d'or et de soie..... A cette époque, l'artillerie des combats faisait entendre sur tous les champs de bataille ses électriques détonations; les armées de vingt peuples divers étaient en présence, et les rois, séparés de leur trône, attendaient que le génie de la France eût prononcé l'arrêt de leurs destinées!.... Tout à coup un silence solennel se fait dans le monde et deux empereurs puissans se rencontrent, dans la vue de se partager la domination de la terre et des mers.... A vous l'Orient, dit Napoléon à Alexandre de Russie; pour moi, l'Occident. Cette proposition, immense comme l'espace, grande comme un don du Ciel, élève, électrise et enflamme l'ambition du Czar généreux!..... Le triomphe, la gloire et le génie brillant au front de l'empereur de France, entraînent victorieusement la conviction dans l'âme d'Alexandre, et le globe du monde, politiquement scindé, allait avoir deux maîtres !...... Mais, n'est-ce pas là déjà la monarchie universelle ?.... Sans doute ; avec cette différence cependant que l'empereur d'Occident pouvait prétendre au gouvernement des idées, tandis que celui d'Orient n'aurait eu à sa disposition, dans la direction de son pouvoir, que l'instrument de la force. Si l'intelligence d'un peuple reste inaccessible à l'action gouvernementale, la puissance qui la résume n'est et ne peut être qu'artificiellement assise : c'est un colosse à base d'argile, que le moindre souffle brise et renverse..... Ainsi il en serait advenu.

Ceux qui ont quitté le soleil pâle et décoloré de l'Occident, pour aller réchauffer le feu de leur intelligence aux rayons vigoureux du soleil oriental, se sont bien vite convaincus que les nations qui vivent sous son influence, portent en elles une physionomie sociale dont le caractère franchement distinct et opposé avec le nôtre, devait rendre à jamais impossible cette prétendue fusion humanitaire. Ils se sont bien vite convaincus que si la race humaine est fille d'une mère commune, elle a dû amener dans ses larges développemens des modifications si profondes, que des instincts d'un ordre différent ou de nouveaux besoins ont semblé être nécessaires pour un mode convenable d'existence générale, en présence de certaines nations qui portent avec elles des formes humaines si essentielles et si différentes de beaucoup d'autres, qu'on les dirait issues d'une toute autre origine. Que l'on se figure bien que le peuple de l'Inde, envahi déjà au VIIe siècle avant l'ère chrétienne par l'ambition de ses voisins, n'a cessé, depuis cette époque, qu'à des intervalles bien courts, d'être harcelé par l'ennemi, et d'avoir été successivement dominé par l'étranger. Eh bien, malgré que des puissances de premier ordre aient tour à tour despotiquement foulé à leurs pieds une population dont le naturel se trouve irrésistiblement entraîné à l'indolence comme à la soumission, il n'a pas été possible aux Persans pas plus qu'aux Tartares, à l'Arabe pas plus qu'au Macédonien, au Musulman pas plus qu'à l'Anglais, de l'assimiler à ses mœurs, ses usages et ses lois. La force brutale seule l'a contenu; mais avec dédain il s'est ri des obstacles et est resté lui-même. En présence d'une semblable force d'inertie, si prodigieuse d'action et si admirable de constance, le prestige de la puissance, comme celui du génie, s'éclipse et tombe sans éclat. Voyez ce qui se passe chez les Orientaux qui touchent notre sol.... Voyez l'action politique et sociale de nos chartes modernes..... Qu'ont produit de semblables réformes sur l'empire des Osmanlis? Une situation générale telle, qu'il est impossible de ne pas prévoir la dissolution plus ou moins prochaine d'un peuple, à qui l'on est venu imposer des lois qui détruisent l'antique croyance religieuse avec laquelle il a grandi, et qui, un moment, avait semblé lui promettre sur la terre une domination incroyable. Ces prétentieux partisans de constitutionnalité ne savent pas qu'en Orient, plus que partout ailleurs, la religion et la politique sont inséparables, et que, pour arriver à la rénovation d'un pareil peuple, il faudrait d'abord y marcher avec un prestige religieux plus puissant que celui sous l'influence duquel il a été élevé, et en faveur duquel il a toujours su sacrifier toutes ses autres prédilections instinctives. Que l'on se persuade bien que Menou, législateur de l'Inde, comme Mahomet celui des Musulmans, ont établi, en hommes fort habiles, une identité telle entre les institutions et les croyances, qu'étant devenues par la suite des temps l'expression la plus complète de l'esprit et des besoins du peuple qui devait les recevoir, le contrat social est indissoluble.

INTRODUCTION.

J'avoue que si j'étais un homme assez important, pour qu'un gouvernement d'Europe, animé de larges et généreuses pensées d'assimilation universelle, vînt demander mon avis sur les moyens à mettre en œuvre pour essayer d'y parvenir, je lui dirais, dans toute l'indépendance de ma pensée et à l'abri de toute prévention religieuse ou politique : Si, vis-à-vis de l'Orient, vous voulez avoir la logique pour vous et faire prendre au sérieux vos moyens d'action, le seul levier que vous puissiez vous permettre de soulever, le seul prestige qu'il vous soit possible de mouvoir avec quelque apparence d'utilité pour l'avenir que vous vous y promettriez, c'est le catholicisme...... Sans contredit une des plus grandes institutions du monde, c'est la papauté, venant représenter l'union des hommes en Dieu, par le sentiment de la vérité et de la justice...... Ne représente-t-elle pas les intérêts immuables du genre humain, en leur sacrifiant les intérêts passagers des individus ? N'est-ce pas elle qui reste l'expression de cette puissance spirituelle de la conscience, qui doit conduire la force et régler la direction des choses de la terre ? Si les hommes viennent à être réduits à n'avoir pour leur défense que les lois et les mœurs de leur pays, dont tout le monde ne sent que trop l'insuffisance, qui retiendra les souverains dans le délire de leur puissance, et mettra à couvert la vie des peuples menacée ? N'est-ce pas le frein salutaire de la religion confié à la garde du Pontife sacré, qui, aux yeux de tous, représente l'Église, c'est-à-dire la vérité universelle ? Cette idée d'une suprême juridiction morale, commune et profitable à tous, agirait avec une salutaire énergie sur l'imagination des peuples, et finirait par entraîner une communauté d'idées et d'intérêts. La magnifique hiérarchie du catholicisme et son culte resplendissant frapperaient l'esprit poétique des nations orientales, et imprimeraient à leurs sens avides d'émotions, une modification assez heureuse pour espérer de les rendre à la vérité religieuse, dont elles sont si éloignées par le culte d'une idolâtrie dont l'extravagance est poussée encore plus loin, s'il est possible, que tout le fantastique le plus étrange de leur imagination. Mais, je le répète, l'immuabilité orientale a été si souvent traversée par tant d'expériences diverses, le travail de tant de siècles et d'un esprit différent a si péniblement labouré ce peuple d'Orient si stationnaire, qu'il faut bien reconnaître que toutes les voies d'assimilation resteront impuissantes, et qu'il est bien plus sage, en respectant ses traditions et sa foi, de lui inspirer, par notre bienveillance et notre justice, cette confiance nécessaire aux relations commerciales et industrielles, à cet échange incessant de productions qui tourne à la prospérité générale des nations, tout en assurant les bienfaits si consolans de cette paix universelle, première condition d'ordre et de progrès. Dans l'Inde, où la puissance britannique dirige et gouverne avec succès les intérêts de l'ordre matériel, l'harmonie que l'on y remarque n'est qu'à la surface; le moindre choc pourrait la rompre. La domination étrangère pèse à cette nation orientale, qui a eu de si beaux jours!....

Les Birhmans et les Mharrattes, peuples vaillans et braves, sortis d'une caste d'élection dont la guerre résumait les priviléges, conservent eux seuls, de concert avec quelques autres habitans de l'Asie centrale, l'espoir de revoir leur patrie indépendante et libre. Cet élément d'avenir, que la conquête n'a pu détruire, reste à la disposition du plus habile, et le marche-pied le plus sûr pour la puissance qui oserait aller y implanter sa bannière de victoire.

Le besoin d'agir, le désir de m'instruire m'ont poussé au milieu de ces contrées étrangères, où le drame de la vie se joue avec vigueur, où la scène n'est jamais languissante, et où le voyageur désintéressé et sans entrave peut puiser de nouvelles conquêtes à la science philosophique. C'est du sein de cet antique foyer de l'Asie, que la vérité parut avec éclat, venant régulariser les sociétés en les constituant. Oui, j'ai obéi à cette loi du monde. — L'univers est une vaste action, et l'homme qui le domine par sa haute intelligence, peut, en obéissant aux conditions qu'il semble lui imposer, le soumettre à ses investigations et s'en proclamer ainsi le souverain. Quel est le peuple ancien ou moderne qui n'ait dirigé son activité commerciale vers les rives de l'Indus ou les bords du Gange, pour mieux s'assurer les trésors de l'industrie ou les avantages des transactions? Quel est le philosophe au temps où la Grèce avait à se constituer, qui n'ait, inspiré par de grandes pensées, tourné ses regards vers l'Orient, pour venir porter au sein de sa patrie les élémens d'une sage civilisation ?

Que de leçons et quels enseignemens !.... Nous prouverons que cette Égypte, si savante et si lumineuse au temps de son antique dynastie, s'en est allé primitivement puiser dans l'Inde sa science gouvernementale et sa puissante hiérarchie sociale; que ses prêtres avaient hérité des traditions religieuses des Brahmes, dont ils s'étaient cependant écartés, pour mieux assurer en Égypte leur domination; que la forme architecturale de ses monumens dont elle a rétréci les larges dimensions, vient de l'Inde : ce sont les pagodes de l'Indoustan, visitées par les savans de l'Égypte, qui ont donné naissance au caractère souvent trop bizarre de ses édifices publics; que le pays de l'Inde est véritablement le berceau des sciences, que sa religion primitive ressort de la révélation, et que l'unité de Dieu y est reconnue comme un dogme fondamental; que le *sam-*

scrit serait cette langue primitive, d'où seraient sortis tous les idiomes variés et multiples des langues orientales et européennes ; langue sacrée, dont l'antique origine se perd dans la nuit des temps, et qui a eu l'exclusif privilége de survivre à l'orage des siècles. Nous constituerons l'Europe brillante héritière de son antique sagesse et de son savoir, et nous la rendrons responsable du dépôt sacré des connaissances générales, que l'Orient, par la révolution des âges, est venu lui confier.

Ce que je donne est le fruit de mes recherches et de mes observations. Je blâme hautement ceux qui en imposent à la crédulité publique, en osant s'annoncer dans leurs relations, comme des voyageurs d'outre-mer, pendant qu'en fait de voyage, ils n'ont guère fait que celui de leur chambre, dont ils se gardent bien de nous donner des descriptions aussi spirituelles, qu'un voyage de cette nature a inspiré à celui qui en est l'aimable auteur. (*Voyage autour de ma chambre, par M. le comte de Maistre*).

Je suis arrivé dans l'Inde au moment où l'on y apprenait la mort prématurée de M. Victor Jacquemont. Il est douloureux pour la science qu'une si belle existence se soit violemment brisée, au moment où elle allait lui révéler de nouveaux faits, qui auraient agrandi son domaine. Ses lettres écrites avec un abandon si heureux, un style si facile et si brillant, un esprit toujours si gracieux, et restant sans effort à la hauteur des considérations les plus graves et les plus sérieuses, promettaient à la France un écrivain remarquable, et aux savans qui en font l'ornement, un athlète de plus. Le Ciel ne l'a pas voulu.

Au milieu de cette vaste arène, que l'aristocratie des sciences et des lettres occupe avec tant d'éclat, où tant d'intelligences d'une force si relative se disputent trop souvent, avec une certaine témérité, le premier rang ou la couronne du savoir, il est difficile à celui qui n'a pas encore osé revêtir l'armure de cette noble chevalerie, de manière du moins à subir le contrôle d'une publicité, dont l'épreuve si capricieuse et si mobile expose à des chances si incertaines ; il est difficile, dis-je, de ne pas montrer son agitation anxieuse et ses pénibles émotions. Dans tous les cas, j'essaie à mon tour de présenter mes titres. Un livre les formule; s'il est lu et qu'après examen on puisse se dire : Mon temps n'est pas perdu;..... tel serait le seul prix que j'aurais ambitionné.

Jules DAMIAN.

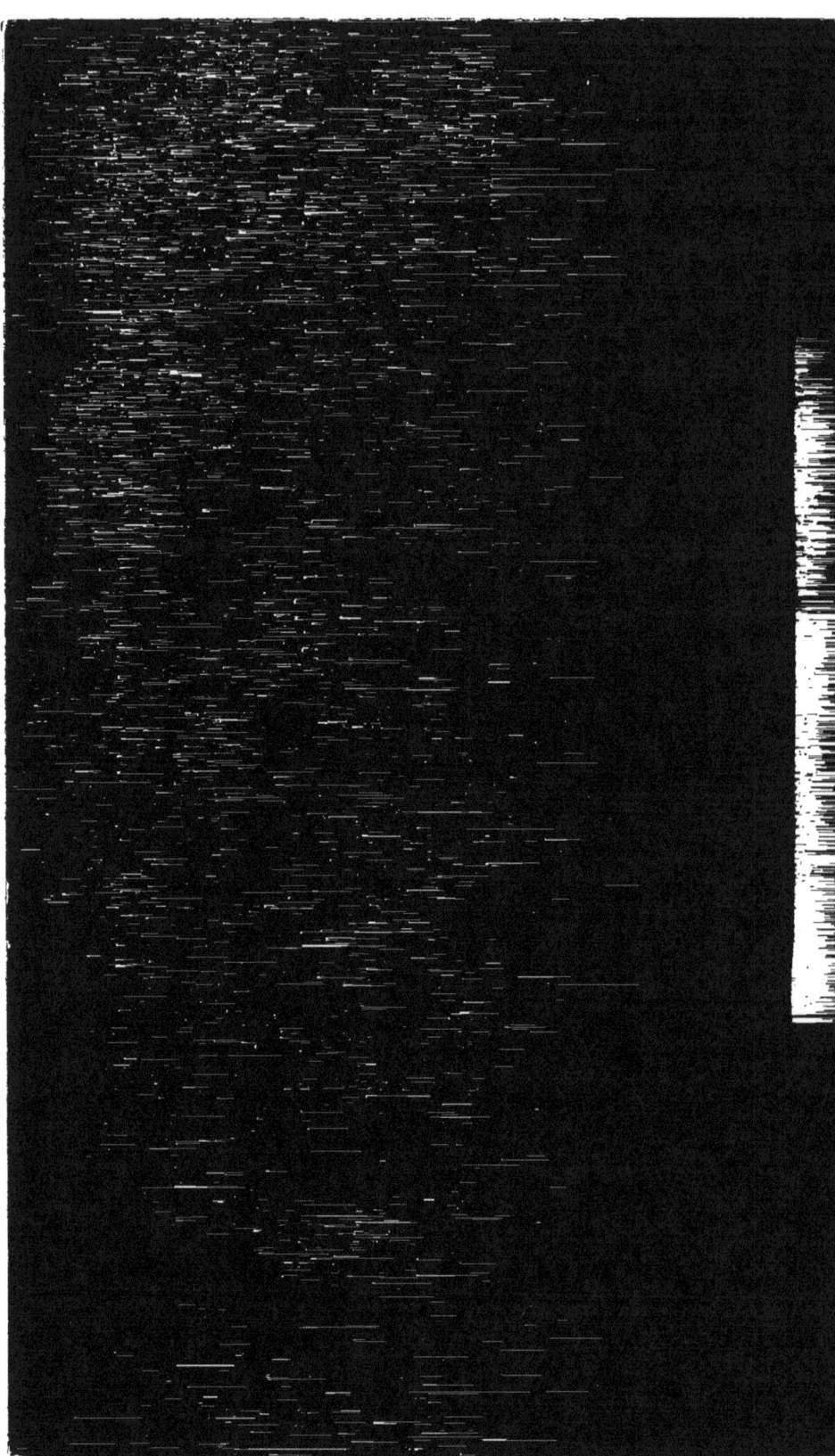